A MAGIA DAS Mandalas

AJUDE OS MÁGICOS A COLORIR AS MANDALAS

Yasmin Kity

ISIS

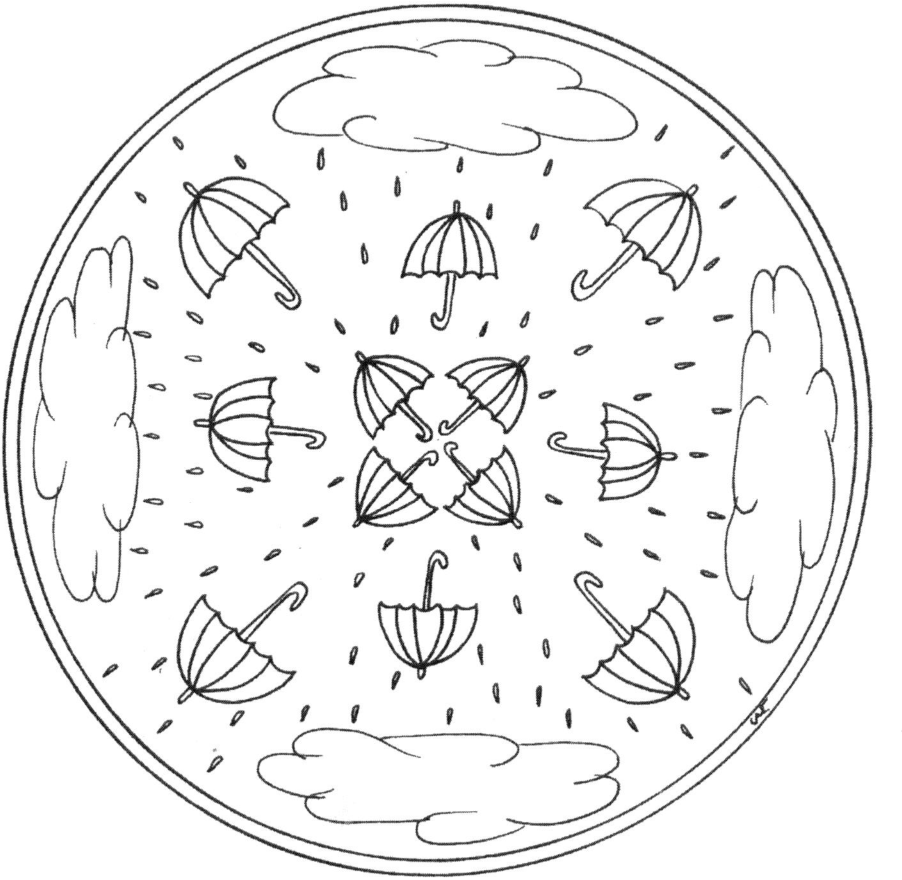

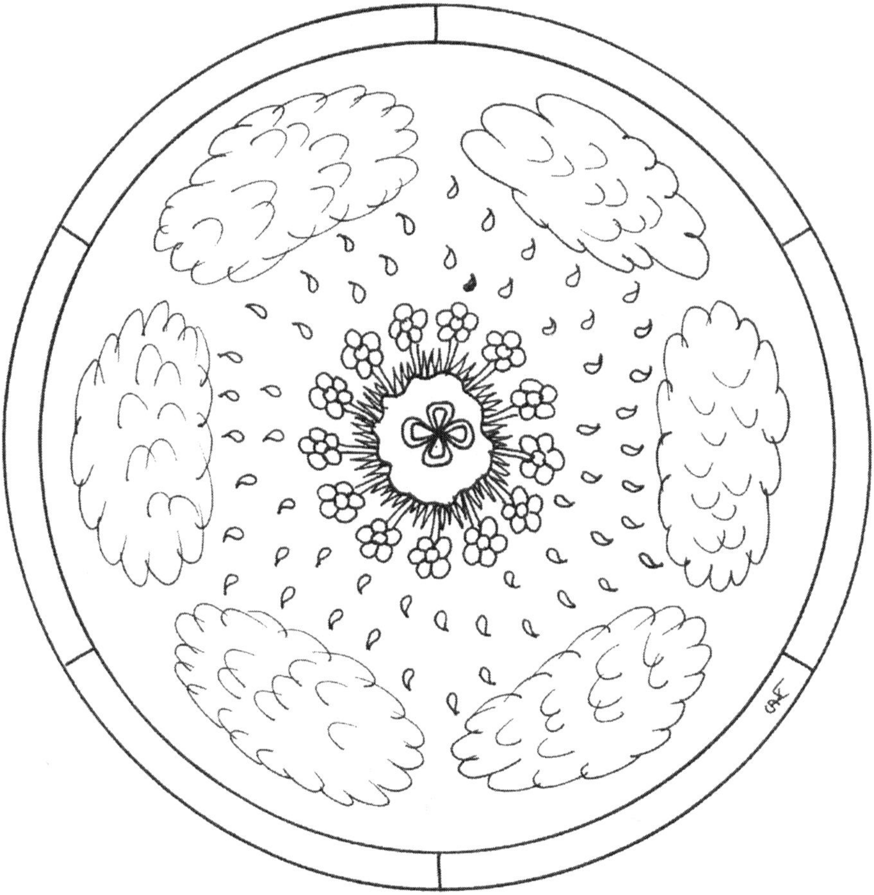

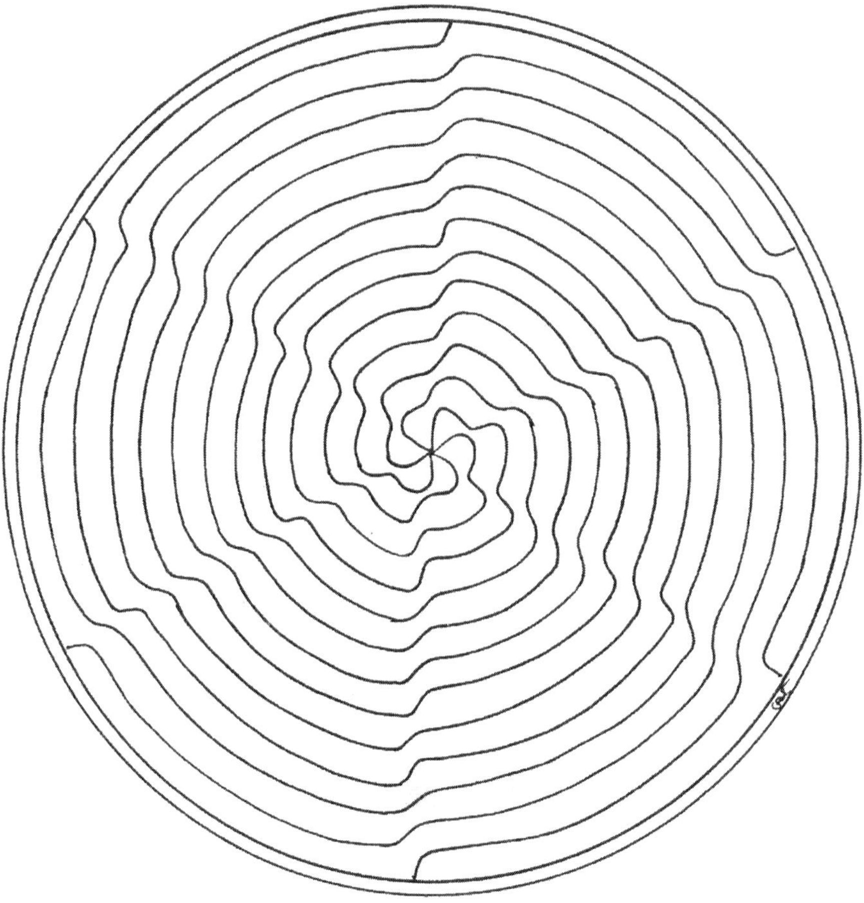

DO · RE · MI · FA · SOL · LA · SI · DO · RE · MI · FA · SOL · LA · SI · DO

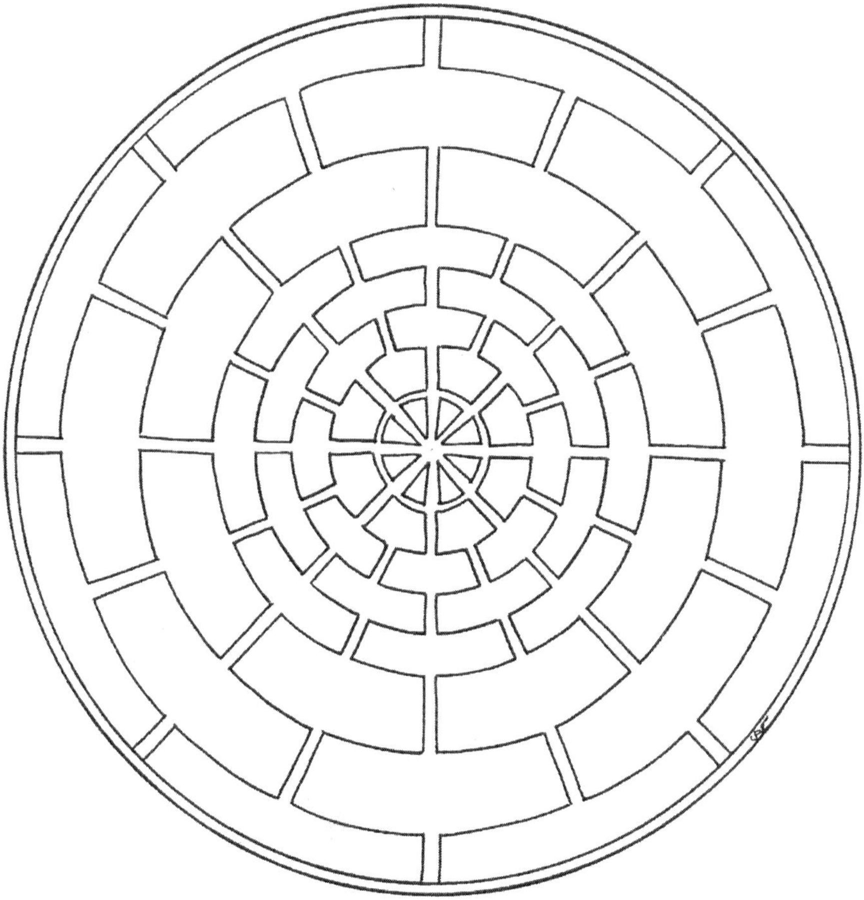

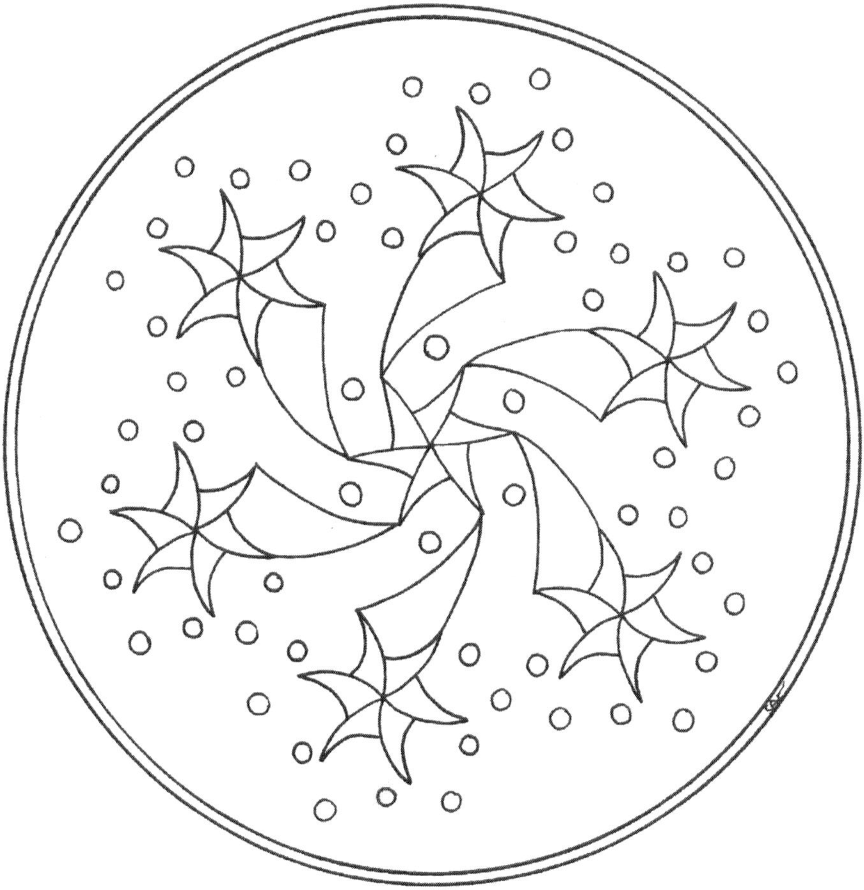

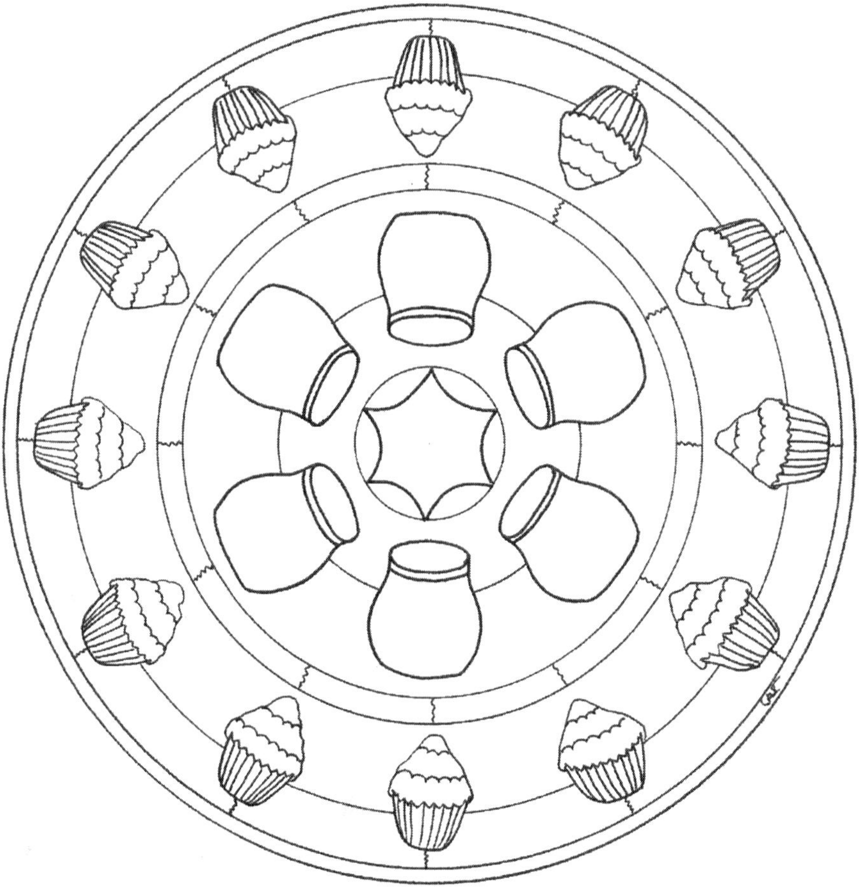

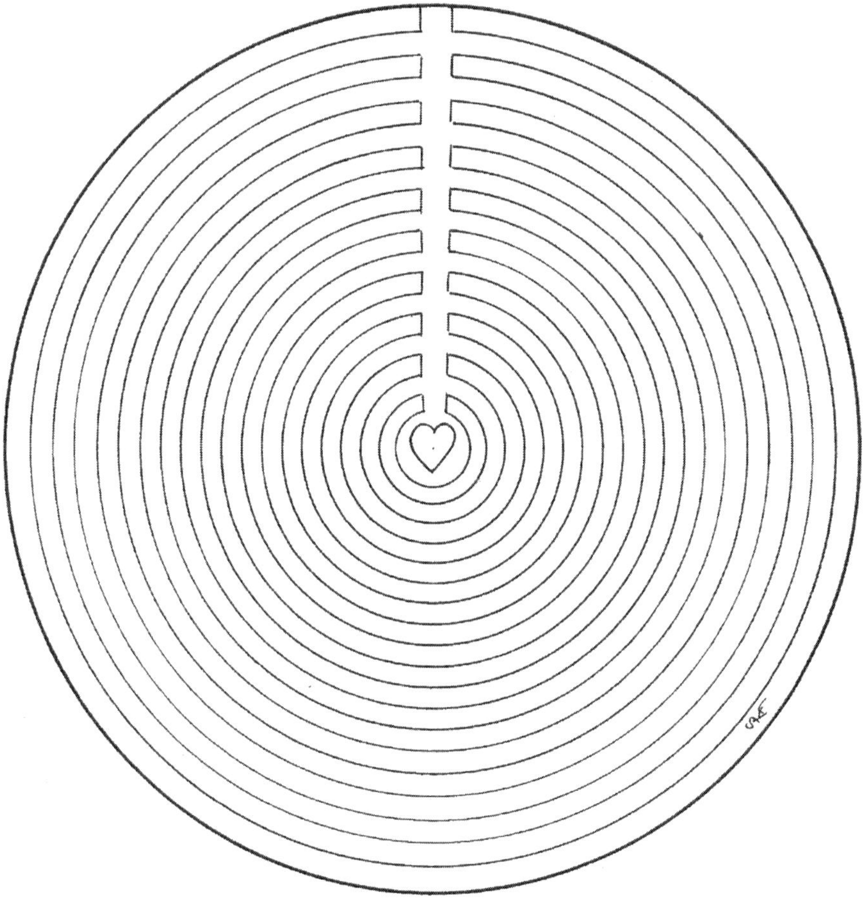

mi
cole

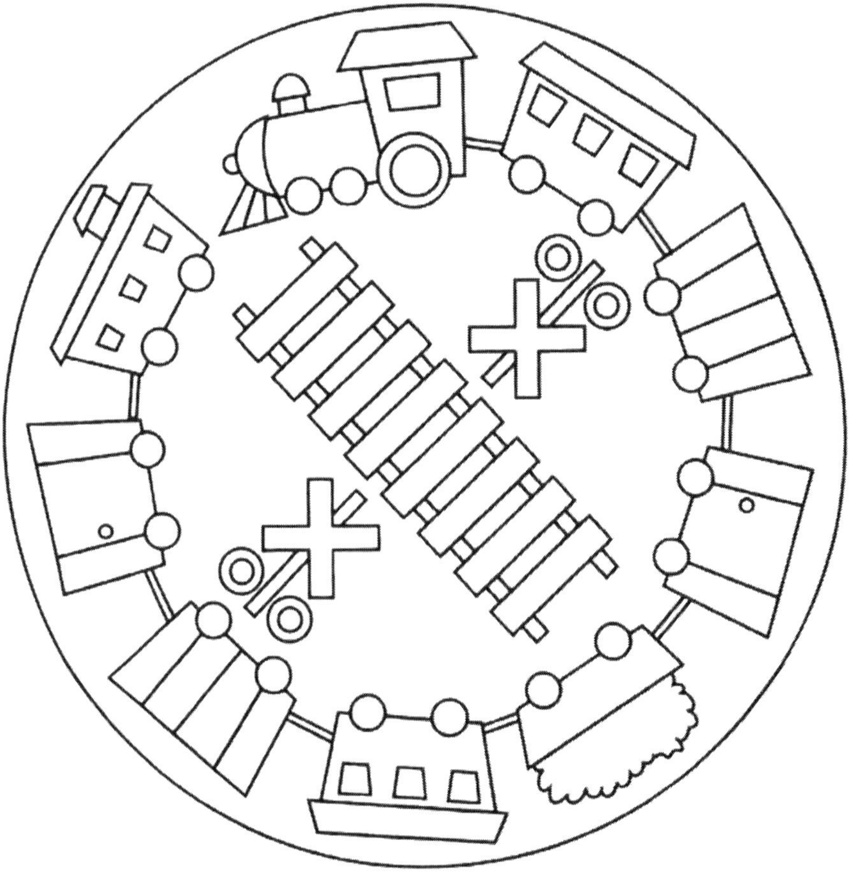

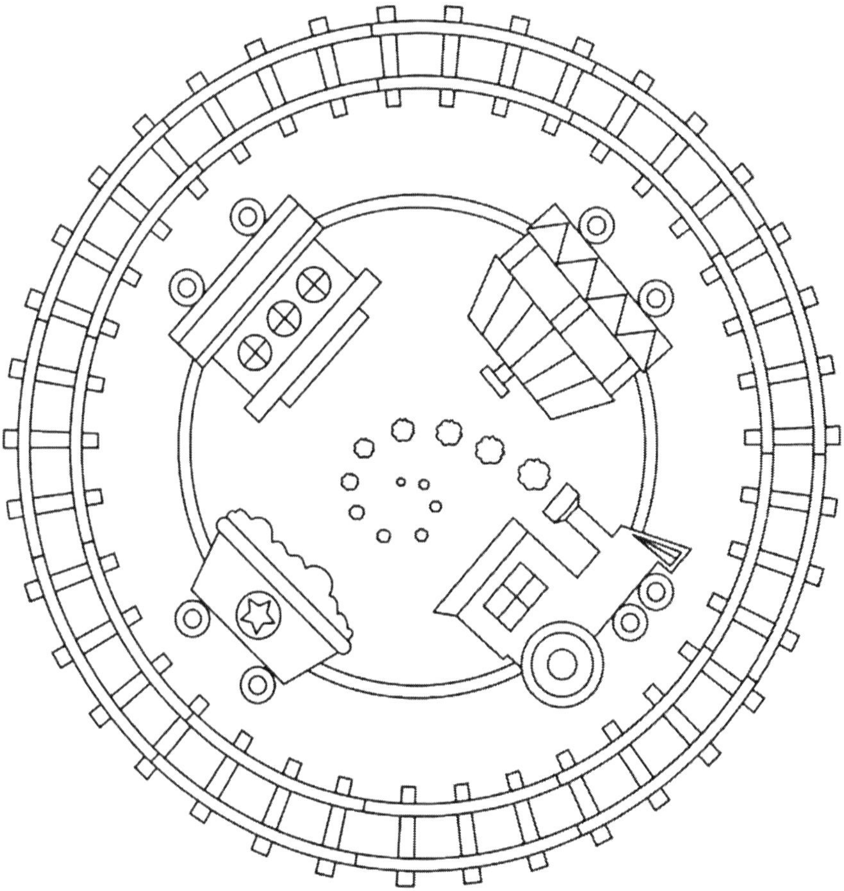